Terreur à la télé

W0395660

C'est toi le détective !

Une collection dirigée par Cédric Ramadier

Retrouvez aussi :

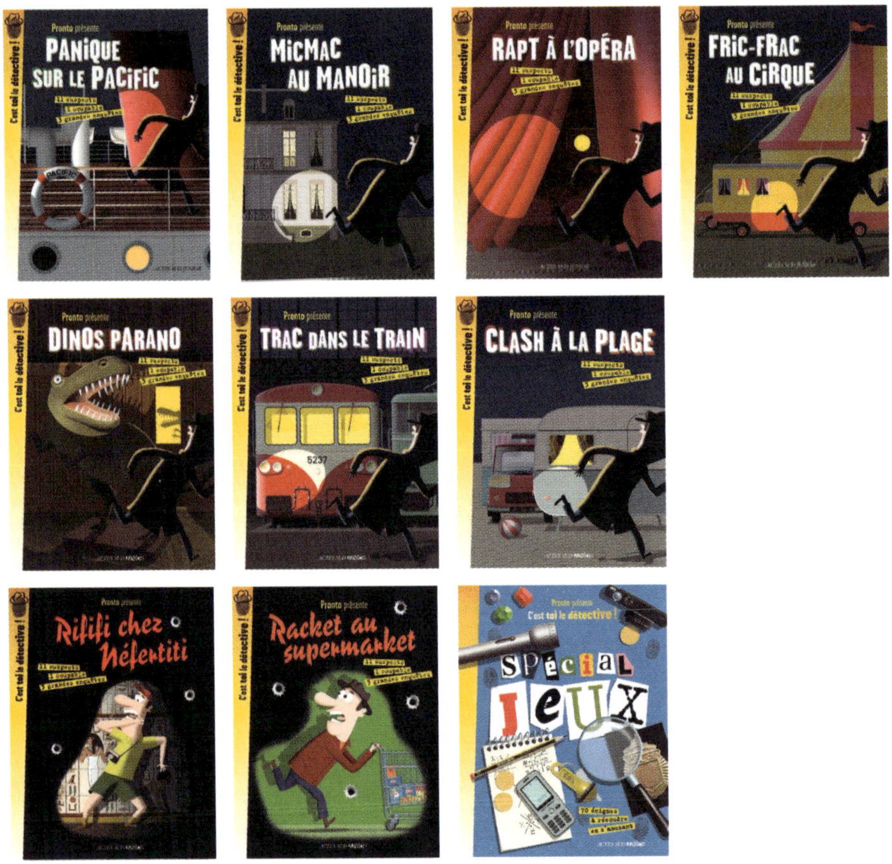

www.actes-sud-junior.fr

© Actes Sud, 2014
ISBN 978-2-330-03263-0

Loi 49-956 du 16 juillet 1949
sur les publications destinées à la jeunesse

Terreur à la télé

3 grandes enquêtes

écrites et dessinées par **Pronto**

ACTES SUD JUNIOR

TÊTES À
CLASh
FAUX
LE SPORT
MADE IN MÉNERBES
PRONTOCOLOR
HB

LE RAGOGO

INFO ? UN FAUX ?

Hier soir, les téléspectateurs se sont certainement demandé ce qui se passait dans la tête de Jean-Pierre Pastis, le célèbre présentateur, quand il a commencé le journal par une histoire drôle. Au sein de notre rédaction, nous avons d'abord pensé qu'il s'agissait d'une nouvelle stratégie de CQQ pour remonter une audience en berne ces derniers mois. C'est pourquoi nous avons imaginé que Jean-Pierre Pastis avait envie, comme d'autres confrères, d'entamer une carrière de comique et qu'il testait là son premier sketch. Après avoir beaucoup ri, nous avons compris que le présentateur n'avait pas agi ainsi volontairement. Nous avons en effet appris par la suite qu'il avait été la victime d'un piratage d'un nouveau genre : le détournement d'infos. Les dépêches du jour ont été remplacées par des histoires de Toto. Qui a pu commettre un tel acte à un moment aussi stratégique pour l'audience de la chaîne? D'après les premiers éléments de l'enquête, il semblerait que le coupable se cache parmi les membres de l'équipe du présentateur vedette qui seuls pouvaient avoir accès à ses documents. Nul doute que les indices recueillis vont permettre de confondre rapidement l'auteur de ce sabotage et que les autorités lui feront passer l'envie d'être drôle!

Un homme accusé d'avoir essayé de faire passer un chè-que de 360 milliards de dollars !

Un homme originaire
Crowley, aux Etats-Unis, a
arrêté pour avoir tenté
faire passer un chèque de
milliards de dollars.
Johne Deuff est poursuivi
justice pour falsification.
dant à la banque Root de
il a tenté de faire passer
que d'un montant exce
en prétendant qu'il lui
donné par la mère de
amie pour se lancer da
res. Le personnel de la
bien évidemment pa
toire de Charles, et
ment contacté la
avait émis le chèc
démenti avoir do
de ce montant. C
également été ac
gal d'arme, ains
sion de mariju
sait pas si Ch
amie sont touj
jour.

Il opère
la perc
En plus
accompli
58 ans, e
a réussi
d'une si
Le chi
l'a app
qu'il r
néces
impe
dan
sa
ce
L'

...brioleur en fuite demande à des ...etirer ses menottes.

...une blague. Les ...lices

poste de police pour se faire ôter les menottes, racontant qu'il avait été piégé par un ami qui avait ... faire une blague. Les ...s méfiés au

Photo de reconstitution
2
CQQ

LE SPORT
FAUX

Teddy Sipet
53 ans
1,78 m
Responsable d'édition
7, rue Zedessioux
Lyon
1
Andy Manchet
49 ans
1,82 m
Rédacteur en chef
2, impasse Quecétoit
Angers
2
Jacques Houzy
61 ans
1,81 m
Chargé de production
6, voie Laleponion
Tours
3
Adam Deujour
46 ans
1,79 m
Réalisateur
3, rue Demanboceplan
Strasbourg
4
Jim Haileiforme
39 ans
1,80 m
Caméraman
1, rue Cépat-Cadret
Douai
5

Les suspects

Elsa Petouletan
37 ans
1,74 m
Chroniqueuse mode
10, cours Vétus
Annecy
(6)

Ange Holiveur
51 ans
1,83 m
Éclairagiste
8, rue Phil-Hélectric
Toulouse
(7)

Sam Héblouit
56 ans
1,77 m
Grand reporter
1, rue Sylvie-Déo
Besançon
(8)

Jeff Haifort
42 ans
1,84 m
Journaliste sportif
5, rue Aymée-Dailledort
Amiens
(9)

Hercule Tacaisse
41 ans
1,76 m
Ingénieur du son
9, rue Mélesson
Nice
(10)

Premier indice

Ce message codé a été retrouvé dans une des machines à écrire de la rédaction. Sur la feuille, chaque lettre du message est indiquée par sa position sur le clavier : « L » désigne son rang, en partant du bas, et « T » désigne sa position dans la ligne, en partant de la gauche. Déchiffre le texte et découvre alors un indice qui te permet d'innocenter un suspect.

HISTOIRE 1

Toto demande à sa Maman :

- Est-ce que je peux avoir du chocolat ?

Sa maman le regarde sévèrement :

- Qu'est-ce qu'on dit, Toto ? S'il ? S'il ?

Toto lui répond :

- S'il en reste ?

HISTOIRE 2

La maîtresse demande à Toto :

- Toto, peux-tu me dire quelle est la cinquième lettre de l'alphabet ?

- Euh...

- Très bien, Toto !

HISTOIRE 3

Le maître rend les devoirs de mathématiques aux élèves.

Il s'agissait d'un problème de robinet qui fuit.

- Toto, tu es le dernier et il n'y a pas de quoi être fier !

Tu n'as rien répondu ! Mais pourquoi as-tu écrit un numéro de téléphone ?

- C'est celui de mon père, monsieur, il est plombier !

HISTOIRE 4

Le maître demande à Toto :

- Qu'est-ce qui est le plus près, la Lune ou l'Angleterre ?

- La Lune, monsieur !

- Pourquoi ?

- Parce qu'on la voit alors que l'Angleterre, non !

HISTOIRE 5

La maîtresse dit :

- Que celui qui se sent bête, se lève !

Toto se lève.

- Tu te trouves bête, Toto ?

- Non, madame, mais ça me faisait de la peine de vous voir toute seule debout.

Deuxième indice

Voici les histoires drôles que le coupable a malicieusement glissées dans les dépêches d'informations.
Trouve quelle lettre est contenue le même nombre de fois dans les histoires n° 1 et n° 4.
Dans l'histoire n° 2, trouve quelle lettre est deux fois moins présente que la lettre O.
Dans l'histoire n° 3, trouve la paire de lettres présentes ensemble cinq fois.
Dans l'histoire n° 4, trouve la lettre qui n'apparaît qu'une seule fois.
Enfin, dans l'histoire n° 5, trouve la lettre qui figure le plus grand nombre de fois.
Note ces six lettres et forme le nom d'un indice qui te permet d'innocenter un nouveau suspect.

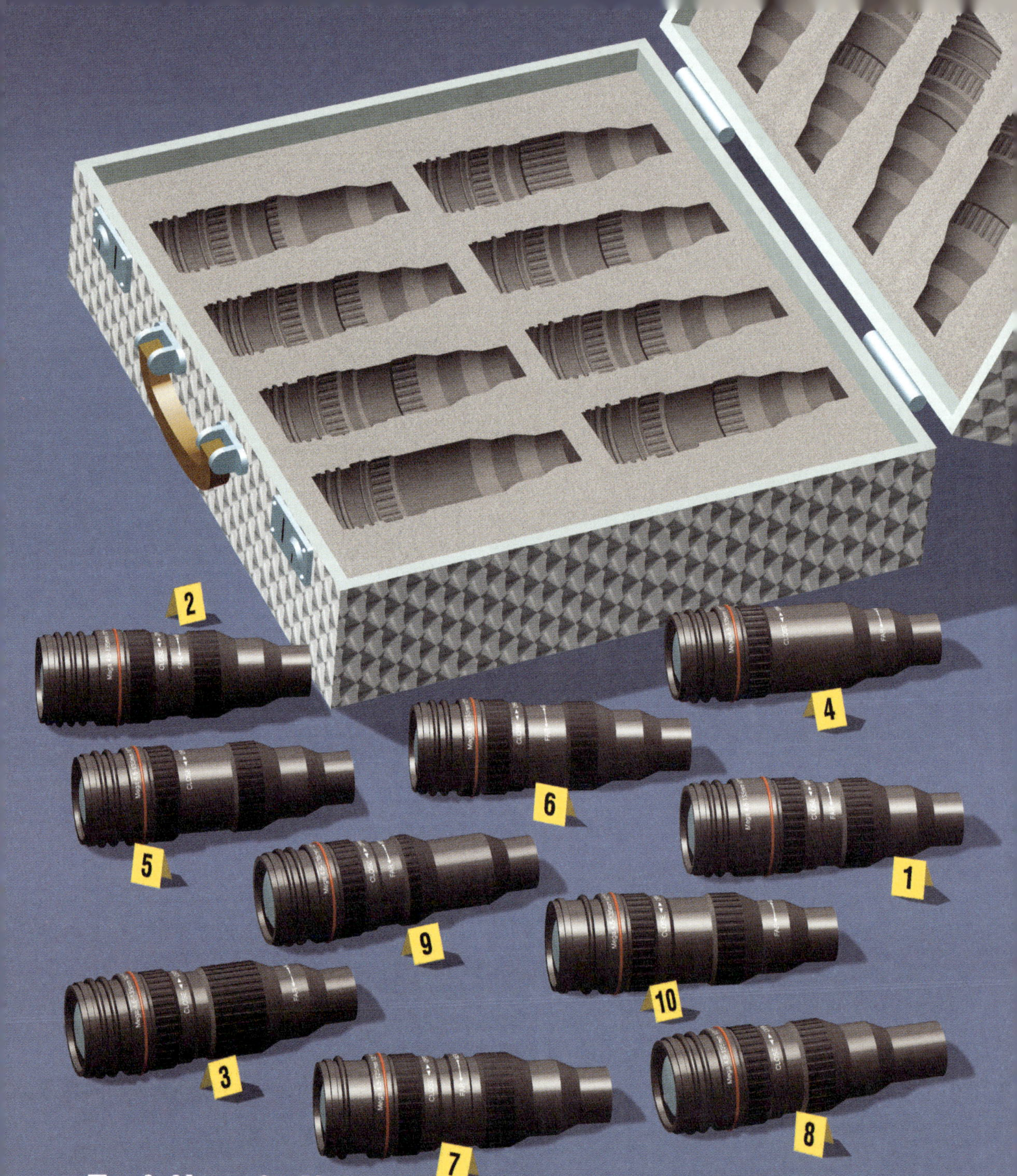

Troisième indice

Voici les objectifs utilisés pour les reportages du journal. Range chaque objectif dans l'emplacement de la valise qui lui est réservé. Deux ne rentrent pas. Additionne les numéros qui leur sont rattachés. Le résultat correspond au numéro de la rue où habite un suspect. Tu peux l'innocenter.

Quatrième indice

Ces bandes magnétiques ont été retrouvées lors d'une perquisition. Classe les bobines en partant de celle qui contient le plus de bande jusqu'à celle qui en contient le moins. Note les groupes de lettres inscrits sur chacune d'elles dans cet ordre afin de former un message. Tu obtiens alors un indice qui te permet d'innocenter un des suspects.

Cinquième indice
Voici la mire qui est diffusée quand les programmes de la chaîne CQQ sont terminés.
Sur cette image, compte combien de carrés complets apparaissent. Ce nombre est le même que celui de l'âge d'un innocent.

Sixième indice

Ces pièces à conviction ont été retrouvées dans la salle de montage. Observe les objets qui figurent sur ces chutes de pellicule et note la première lettre de chacun d'entre eux. Remets ces lettres dans le bon ordre et retrouve le nom d'un indice qui te permet d'innocenter un suspect.

Septième indice

Voici la météo qui va être diffusée juste après le journal télévisé.
Note la température la plus chaude et multiplie-la par la température la plus froide par temps de pluie. Additionne ce nombre avec la température la plus au nord et celle de Paris.
Divise ce nouveau nombre par la température la plus à l'ouest.
Ensuite, soustrais la température la plus froide.
Multiplie le résultat par la température la plus au sud.
Le nombre obtenu correspond à la taille en centimètres d'un innocent.

Huitième indice

Ces images d'un ancien journal télévisé sont de très mauvaise qualité. Complète les lignes des signes noirs avec les signes rouges et déchiffre le message secret du présentateur. Tu obtiens un précieux indice qui te permet d'innocenter un suspect.

Neuvième indice

Lors de la perquisition du parking de la chaîne CQQ, ce véhicule de retransmission a été découvert complètement vandalisé. La carosserie semble comporter un mystérieux message. Décrypte ce rébus et découvre un indice qui te permet d'innocenter un dernier suspect.

B2
T'O
CQQ

IDENTIFICATION

BRAVO !
Tous les indices récoltés t'ont permis d'innocenter un à un les suspects. Tu peux maintenant démasquer le coupable du sabotage.

Teddy Sipet	Andy Manchet	Jacques Houzy	Adam Deujour	Jim Haileiforme

Si un indice te résiste et si tu brûles de connaître les **solutions**, file à la fin du livre, et place-le face à un miroir.

Elsa Petouletan

Ange Holiveur

Sam Héblouit

Jeff Haifort

Hercule Tacaisse

TÊTES À
CLASH

PIPOMATIN

PLUS ON EST FOU PLUS ON RIT

Les ennuis s'enchaînent sur CQQ! Lors du show culturel «Têtes à Clash», l'animateur Nicos Tarnicravate a soudainement perdu son self-contrôle sur le plateau de l'émission. Pris d'un fou rire tonitruant, il a dû être évacué par le service de sécurité. Les studios ont rapidement été bouclés pour les besoins de l'enquête et les lieux ont été passés au peigne fin. Après une analyse scientifique, il apparaît qu'une grande quantité de cachets de Relaxmax a été mélangée au café bu par l'animateur dans sa loge. Qui pouvait lui en vouloir au point de tenter de l'empoisonner? D'après nos renseignements, les soupçons se portent sur les dix invités présents ce jour-là. En effet, il est de notoriété publique que ces derniers ont subi par le passé des critiques souvent cruelles lors de précédentes émissions. Seule une enquête minutieuse permettra d'explorer toutes les pistes et de recueillir les indices nécessaires à la résolution de cette énigme!

passez à la
Mobylette 50

Un Britannique prédit l'avenir dans les asperges

…evant a fait ses prédictions … lisant

l'avenir, Lary jette simplement plusieurs asperges en l'air et analyse … manière dont les

Photo de reconstitution

TÊTES À
CLASH

César Hienne
58 ans
1,77 m
Écrivain
19, rue Eddy-Sion
Grenoble
1
Harry Vancourant
46 ans
1,79 m
Photographe de mode
16, rue Lucas-Mérat
Courchevelle
2
Iris Kerien
27 ans
1,76 m
Danseuse
26 rue Dulac-Décigne
Reims
3
Johnny Touhemblok
47 ans
1,80 m
Chanteur
10, rue Eddy-Skedorh
Béziers
4
Nick Croipat
51 ans
1,76 m
Journaliste
17, rue Dédé-Peiche
Versailles
5

Les suspects

(6)

Oreste Haulit
54 ans
1,78 m
Artiste peintre
12, rue Claire-Obscure
Honfleur

(7)

Ella Padeculote
36 ans
1,72 m
Pianiste
15, rue Sylvie-Valdi
Toulouse

(8)

Yann Hacpourluit
66 ans
1,74 m
Couturier
21, Phil-Decoton
Dax

(9)

Ida Tinpeut
34 ans
1,74 m
Actrice
21, cours Métrage
Nantes

(10)

Ismaël Dekois
29 ans
1,75 m
Footballeur
16, allée Lévert
Saint-Étienne

Premier indice

Voici les livres que Nikos Tarnicravate devait présenter lors de son émission. Pour chacun des titres de ces livres, les 2 mots écrits en blanc sont composés des mêmes lettres… sauf une ! Note ces 7 lettres et remets-les dans l'ordre pour retrouver le nom d'un indice relié à la ville où habite un innocent.

Deuxième indice

Ce magazine a été retrouvé dans la loge de Nikos Tarnicravate. Compare l'image de couverture avec l'image du téléviseur et trouve le nombre de différences entre les deux. Ce nombre est le même que celui d'un suspect. Tu peux l'innocenter.

Troisième indice

La scène du crime a été minutieusement passée au peigne fin. En analysant au microscope les particules découvertes, tu peux relier chacune d'entre elles à un suspect.
Celui qui n'a laissé aucune trace est forcément innocent.

Quatrième indice

Le caméraman de l'émission a réussi à apercevoir furtivement le coupable avant qu'il ne prenne la fuite. Il ne saurait le reconnaître mais il peut affirmer que celui-ci avait au moins un détail en commun avec lui. Un seul suspect n'en a aucun. Il est innocent.

Cinquième indice

Voici la reconstitution de l'émission « Têtes à clash » avec son public.
Suis les instructions ci-dessous et découvre l'identité d'un nouvel innocent.

1. Trouve la personne qui est assise entre deux personnes avec des lunettes.
2. Ensuite, trouve celle qui a un haut de la même couleur que celui de la première.
3. Trouve la personne qui a la même coiffure que celle assise à droite de la deuxième.
4. Trouve la personne qui regarde dans la même direction que la troisième.
5. Trouve la personne dont le visage présente la même particularité que celui du quatrième.
6. Trouve la personne qui a la même expression que la cinquième.
7. La personne qui est assise juste derrière la sixième est le sosie d'un suspect.

Tu peux l'innocenter.

TÊTES À
CLASH

Sixième indice

Juste avant le direct de son émission, l'animateur Nikos Tarnicravate a renversé sa tasse de café. Observe attentivement les taches laissées sur le sol et retrouve celles qui ont la même forme. Détermine combien il y a de formes de taches distinctes. Ce nombre est le même que le numéro de la rue où habite un innocent.

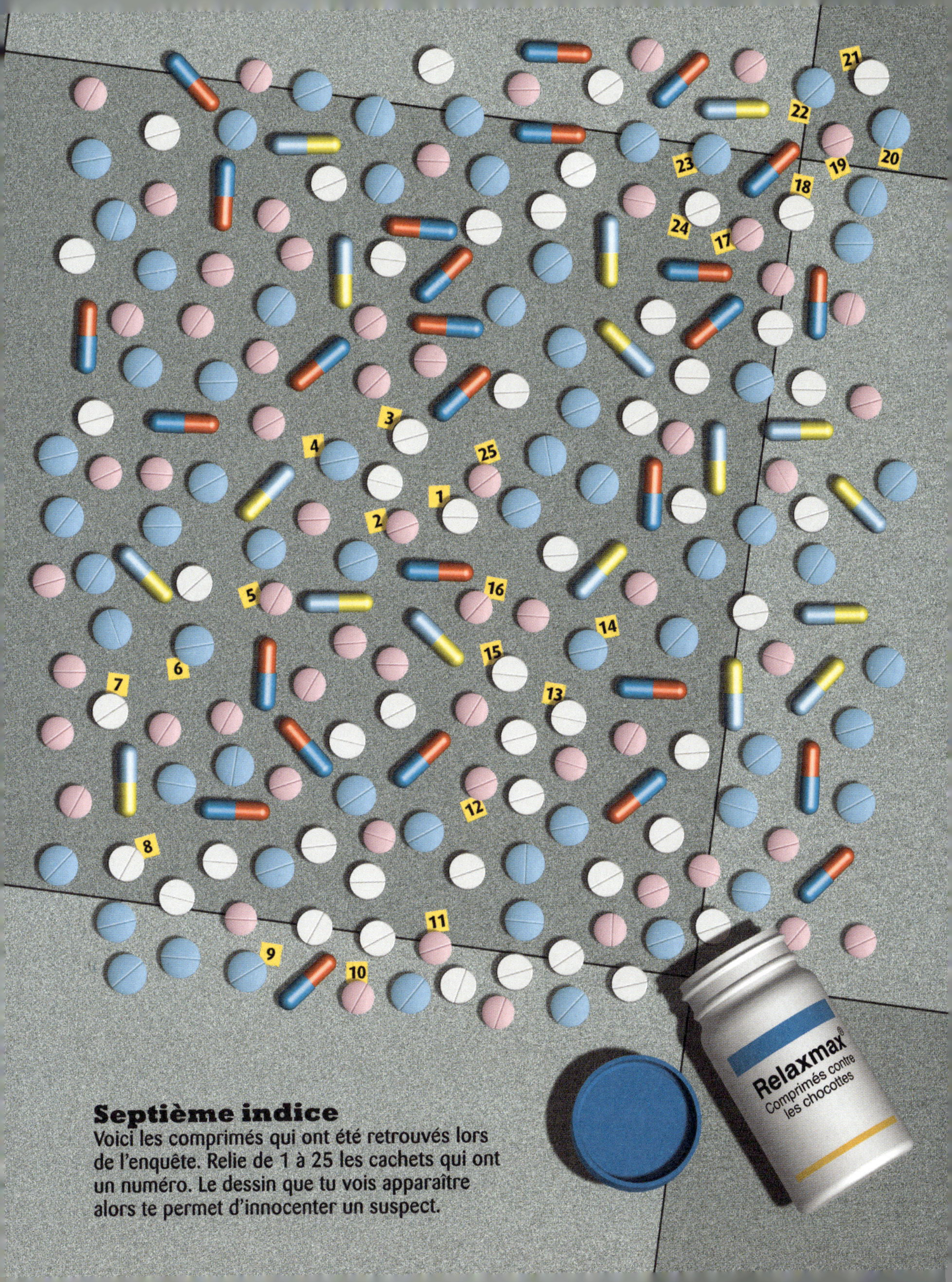

Septième indice

Voici les comprimés qui ont été retrouvés lors de l'enquête. Relie de 1 à 25 les cachets qui ont un numéro. Le dessin que tu vois apparaître alors te permet d'innocenter un suspect.

Huitième indice

L'interrogatoire de Nikos Tarnicravate s'avère compliqué : encore sous l'emprise du produit qu'il a avalé, son discours est incohérent. Élimine les HA, les HI et les HOU et décrypte ce message afin d'obtenir un renseignement qui te permet d'innocenter un suspect.

Neuvième indice

Voici les comptes rendus des interrogatoires des suspects. Certains ne semblent pas dire toute la vérité. Analyse les déclarations ci-dessous et démêle le vrai du faux.
À chaque réponse d'un suspect numéroté de 1 à 8 correspond un bouton de la régie.

- Si un suspect dit toute la vérité, tourne le bouton vers la gauche.
- Si un suspect ne dit que des mensonges, tourne le bouton vers la droite.
- Si un suspect dit la vérité et un mensonge, ne tourne pas le bouton.

Note enfin les chiffres sur lesquels les boutons sont désormais réglés.
Leur somme te donne l'âge d'un nouvel innocent.

1. **César Hienne :** *« Je suis le plus âgé et je vis loin de la montagne. »*
2. **Harry Vancourant :** *« Je ne suis pas le plus grand et j'aime la photo. »*
3. **Iris Kerien :** *« Je ne suis pas la plus jeune et je suis blonde. »*
4. **Johnny Touhemblok :** *« Je suis le plus grand et je déteste la musique. »*
5. **Nick Croipat :** *« Je ne sais pas écrire et je vois très bien. »*
6. **Oreste Haulit :** *« J'habite près de la mer et je suis imberbe. »*
7. **Ella Padeculote :** *« Je sais lire la musique et je suis la plus âgée des femmes. »*
8. **Yann Hacpourluit :** *« Je ne sais pas coudre et j'ai les cheveux longs. »*

IDENTIFICATION

BRAVO !
Tous les indices récoltés t'ont permis d'innocenter un à un les suspects. Tu peux maintenant démasquer le coupable de cette tentative d'empoisonnement.

César Hienne — Harry Vancourant — Iris Kerien — Johnny Touhemblok — Nick Croipat

Si un indice te résiste et si tu brûles de connaître les **solutions**, file à la fin du livre, et place-le face à un miroir.

Oreste Haulit

Ella Padeculote

Yann Hacpourluit

Ida Tinpeut

Ismaël Dekois

PAS VU PAS PRIX !
INSTAMATOC 140
CAMERA
Prontak
MADE IN PIPO REPUBLIK

INTOX

UN JEU QUI NE FAIT PAS DE CADEAUX !

La série noire continue sur CQQ! En effet, hier soir, au moment de récompenser le vainqueur du grand jeu «Pas Vu, Pas Prix!», les animateurs de l'émission se sont aperçus que les lots avaient été volés. Nous ne connaissons pas encore le montant du préjudice, mais pour la chaîne c'est un nouveau coup dur. Le malheureux candidat n'a pu quitter les studios car il a été retenu avec les autres suspects par les autorités. En effet, il semble que ce soit l'un des participants qui ait commis ce forfait, de crainte de repartir les mains vides s'il perdait. L'enquête s'annonce difficile mais les nombreux indices déjà découverts permettront certainement d'arrêter le coupable et de lui faire comprendre que tout ceci n'est pas un jeu!

Il s'introduit dans un appartement et vole une dinde dans le congélateur

Mardi dernier, vers 23 heures, un homme fait irruption dans l'appartement d'une famille et s'empare de la dinde qui se trouvait dans le congélateur familial. Ce vol spectaculaire s'est déroulé sous les yeux ahuris des locataires, une mère et ses deux enfants. La police a cependant déclaré qu'ils n'auraient subi aucune agression physique ou verbale. La mère aurait par ailleurs affirmé connaître le bandit. La police recherche un homme d'environ 1 mètre 80, chauve et pesant approximativement ... kilos.

Deux voleur se griment a marqueur indélébile

Deux jeunes voleur l'idée de se maquill tre indélébile noir pas être reconnus.

David Vincent Lézavu Sam Harangepas, 20 a de pénétrer dans un vendredi dernier. C de leur tentative d' prévenu la police. C'est lors de l'arre deux suspects q ont pu remarqu le visage couve lébile noir, ce témoin de les ment. Ils ont inculpés de

Elle fait fuir un voleur en imitant un chien

Une femme a utilisé une tactique bien particulière : faire le chien. L'homme a pris la fuite.

Samedi 24 octobre vers 23 heures : de chez elle, une femme a remarqué qu'un homme d'allure suspecte essayait de forcer sa porte d'entrée. Elle est alors descendue ... ussée puis s'est mise ... imiter les

Une oc essaye genda avoir

Agée de était au Frégat roula sus d avoi

Photo de reconstitution
PAS VU
279€
PAS VU PAS PRIX
164€
PAS VU PAS PRIX
12€
PAS VU PAS PRIX
318€
PAS VU PAS PRIX
184€
PAS VU PAS PRIX

AS PRIX !
172 €
PAS VU PAS PRIX
51 €
PAS VU PAS PRIX
234 €
PAS VU PAS PRIX
76 €
PAS VU PAS PRIX
27 €
PAS VU PAS PRIX

Al Gèbre
53 ans
1,63 m
Chauffeur de taxi
11, rue Dessecourt
Paris
1
Roméo Frigosketapri
41 ans
1,75 m
Conducteur de bus
10, Allée Avance
Bordeaux
2
Clara Hoquet
46 ans
1,72 m
Agent d'assurances
9, rue Lemapoule
Arras
3
Jenny Lanvi-Nilémoillins
32 ans
1,74 m
Institutrice
14, cours Decalcul
Perpignan
4
Honoré Padufairsat
42 ans
1,77 m
Cuisinier
7, cours Bouillon
Roubaix
5

Les suspects
Xavier Kahécouter
45 ans
1,80 m
Garagiste
13, impasse Moilaclédedouze
Valence
6
Lucien Hassamémère
66 ans
1,67 m
Tapissier
15, rue Lucas-Napé
Brest
7
Farid Complete
58 ans
1,78 m
Ambulancier
8, rue Danlébrancart
Pau
8
Ed Redon
49 ans
1,78 m
Pharmacien
12, rue Medéfoin
Avignon
9
Éléonore Moinlecart
34 ans
1,73 m
Hôtesse d'accueil
16, allée Voufairvoir
Pontarlier
10

Premier indice

Voici les décors du jeu « Pas Vu, Pas Prix ! » tels qu'ils ont été filmés avant le vol. Note la première lettre de chacun des objets et classe ces derniers du plus cher au moins coûteux. L'indice ainsi obtenu te permet d'innocenter un suspect.

Deuxième indice

Pendant la coupure publicitaire du jeu « Pas Vu, Pas Prix ! », un mystérieux spot a été diffusé. Les noms de tous les éléments présents à l'image ont deux lettres en commun. Retrouve-les, elles sont contenues dans le prénom d'un innocent.

Troisième indice

Plusieurs témoins oculaires ont vu le coupable quitter le bâtiment en courant. Leurs dépositions sont tellement contradictoires qu'elles ont seulement permis d'établir un portrait-robot… à l'envers ! Un seul suspect n'a aucun point commun avec cette image. Il est innocent.

Quatrième indice

Le visionnage de l'enregistrement complet offre de nouveaux indices. Analyse les gains annoncés par Tex Plozlodimate, l'animateur du jeu, et détermine quel candidat a gagné le plus d'argent. Il est innocent.

Cinquième indice

Lors de l'enregistrement de l'émission, les pupitres affichant les gains des candidats ne fonctionnaient pas parfaitement. Retrouve les chiffres manquants des cinquième et dixième pupitres sachant qu'ils obéissent à la même logique que celle des 4 pupitres les précédant.

Chaque paire de chiffres ainsi obtenue forme un nombre.
Additionne ces 2 nombres, le résultat est le même que l'âge d'un suspect. Tu peux l'innocenter.

Sixième indice

Tous les éléments du décor font partie des pièces à conviction. Les branchements électriques de plusieurs ampoules multicolores présentent un défaut majeur : certains fils raccordés au pôle + d'une ampoule sont reliés au pôle - d'une autre. Trouve les ampoules qui ne peuvent alors fonctionner. Note leur numéro et additionne-les. Le nombre te donne la taille en centimètres d'un innocent.

Septième indice

Voici les ampoules de rechange qui ont été retrouvées parsemées sur le sol près du décor de l'émission. Les ampoules sont orientées dans la même direction qu'une ou plusieurs autres. Observe-les attentivement et trouve celle dont l'orientation est unique. Elle est de la même couleur qu'un vêtement porté par un suspect. Tu peux l'innocenter.

Huitième indice

Voici le panneau d'une des épreuves de l'émission. Élimine les mots cachés dans cette grille horizontalement et verticalement sachant qu'ils ont un rapport avec l'univers de la télévision. Trouve alors les lettres qui n'ont pas été utilisées. Compte-les. Ce nombre est le même que le numéro de la rue où habite un innocent.

Neuvième indice

Le décorateur du studio d'enregistrement doit fixer au mur les lettres du titre de l'émission « Pas Vu, Pas Prix ! » posées sur le sol. Mais les points de fixation de certaines lettres ne correspondent pas : trouve-les et note-les. Elles sont contenues dans le nom de la ville où habite un suspect. Tu peux l'innocenter.

IDENTIFICATION

BRAVO !
Tous les indices récoltés t'ont permis d'innocenter un à un les suspects. Tu peux maintenant démasquer le coupable du vol.

Al Gèbre	**Roméo Frigosketapri**	**Clara Hoquet**	**Jenny Lanvi-Nilémoillins**	**Honoré Padufairsat**

Si un indice te résiste et si tu brûles de connaître les **solutions**, file à la fin du livre, et place-le face à un miroir.

Xavier Kahécouter

Lucien Hassamémère

Farid Complete

Ed Redon

Éléonore Moinlecart

SOLUTIONS

AFFAIRES CLASSÉES

ENQUÊTE 1

BUREAU DE VÉRIFICATION DES ENQUÊTES

Premier indice
Jeff Haifort (« Celui qui est responsable de ce sabotage déteste le sport. »).

Deuxième indice
Teddy Sipet (E, N, RE, V, E = énervé).

Troisième indice
Ange Holiveur (1 + 7 = 8).

Quatrième indice
Hercule Tacaisse (« Le coupable habite loin de la mer. » : LEC, OU, PAB, LEH, AB, IT, EL, OIN, DEL, AM, ER).

Cinquième indice
Sam Héblouit (56).

Pour lire les solutions, place le livre devant un miroir

BUREAU DE VÉRIFICATION DES ENQUÊTES

Sixième indice

Jacques Houzy (P, E, A, C, H, E, R = écharpe).

Septième indice

Andy Manchet (30 x 20 = 600, +24 +26 = 650, ÷25 = 26, -19 = 7, x26 = 182).

Huitième indice

Elsa Petouletan (« Le coupable ne peut pas être le suspect le plus jeune. »).

Neuvième indice

Adam Deujour (j'oeufs nez pas b'oeufs z'eau un deux lune haie t'oeufs, « Je n'ai pas besoin de lunettes. »).

Le coupable est donc...

SOLUTIONS

AFFAIRE CLASSÉE

ENQUÊTE 2

BUREAU DE VÉRIFICATION DES ENQUÊTES

Premier indice

Nick Croipat (H, U, T, E, C, A, A = château).

Deuxième indice

Yann Hacpouhuit.

Troisième indice

Iris Kerien.

Quatrième indice

Harry Vancourant.

Cinquième indice

Oreste Haulit.

BUREAU DE VÉRIFICATION DES ENQUÊTES

BUREAU DE VÉRIFICATION DES ENQUÊTES

Sixième indice
César Hienne (19).

Septième indice
Johnny Touhemblok (guitare).

Huitième indice
Ida Tinpeut, actrice («Je peux dire que le coupable ne fait jamais de cinéma.»).

Neuvième indice
Ella Padeculote (6 + 2 + 7 + 4 + 6 + 2 + 5 + 4 = 36).

Le coupable est donc...

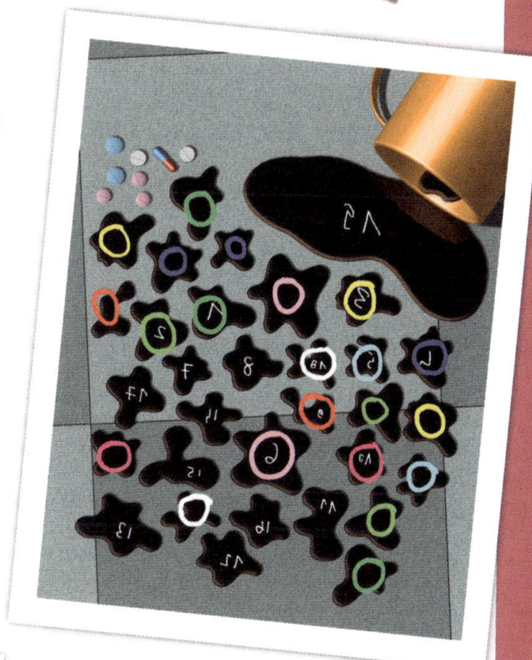

SOLUTIONS

AFFAIRE CLASSÉE

ENQUÊTE 3

Premier indice
Honoré Padufairsat (C, R, S, E, L, O, E, S, A = casserole).

Deuxième indice
Clara Hoquet (C, A : canapé, vache, cheval, toucan, chat, pélican).

Troisième indice
Éléonore Moinlecart.

Quatrième indice
Jenny Lanvi-Nilémoillins : 654 (Clara : 327 ; Xavier : 358 ; Éléonore : 611 ; Farid : 284 ; Honoré : 653 ; Lucien : 568 ; Roméo : 642 ; Al : 321 ; Ed : 605).

Cinquième indice
Farid Complete (2 1 3 4 : 2+1=3 puis 3+1=4 / 1 2 2 4 : 12 x 2 = 24 / donc : 34 + 24 = 58).

Sixième indice
Al Gèbre
(6 + 15 + 10 + 23 + 34 + 30 + 13 + 32 = 163).

DE VÉRIFICATION DES ENQUÊTES

Septième indice
Lucien Hassamèmère
(ampoule bleu clair).

Huitième indice
Xavier Kahécouter
(13 lettres : L, M, A, R, B, P, N, U, D, P, L, T, C).

Neuvième indice
Ed Redon (V, A, I).

Le coupable est donc...

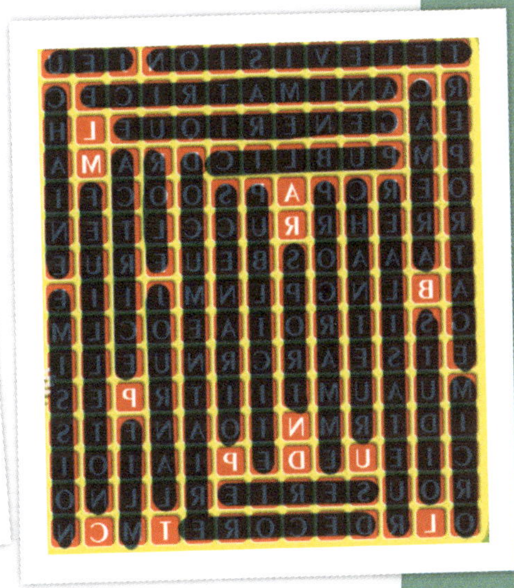

Reproduit et achevé d'imprimer en mai 2014 par l'imprimerie Clerc à Saint-Amand-Montrond
pour le compte des éditions ACTES SUD, Le Méjan, Place Nina-Berberova 13200 Arles
Dépôt légal 1re édition : juin 2014